impara
IL MUSEO

Comune di Padova
Assessorato alla Cultura

Musei Civici
Museo Archeologico

Settore Attività Culturali
Ufficio Programmazione
Culturale e Didattica

Didattica e laboratorio:

Percorsi attivi tra le collezioni
dei Musei Civici e i monumenti di Padova

Con Lucio Minucio
alla scoperta dei bronzi antichi

a cura di Mirella Cisotto Nalon e Francesca Benvegnù

«L'ERMA» di BRETSCHNEIDER

Assessore alla Cultura	Giuliano Pisani
Direttore Settore Attività Culturali	Gianfranco Martinoni
Direttore Musei Civici	Davide Banzato
Conservatore Museo Archeologico	Girolamo Zampieri
Responsabile Ufficio Programmazione Culturale e Didattica	Mirella Cisotto Nalon

Ideazione e progetto didattico	Mirella Cisotto Nalon
Testi	Francesca Benvegnù
Disegni di copertina e del testo	Francesco Frosi
Progetto grafico - Copertina	Trivellato Progetti - Tony Michelon

ISBN 88-8265-147-9

1ª ristampa giugno 2001

Questo nuovo quaderno della collana *Impara il Museo* è stato realizzato in occasione della mostra "I bronzi antichi del Museo Archeologico di Padova".

Con l'aiuto di un simpatico personaggio di età romana, Lucio Minucio, i ragazzi vengono guidati in maniera semplice e divertente a conoscere, attraverso la scoperta dei numerosi e vari bronzi antichi esposti in mostra, molteplici e interessanti aspetti della vita quotidiana nell'antichità.

L'oggetto in bronzo viene analizzato, interrogato, scoperto e compreso, come consuetudine all'interno delle attività didattiche di *Impara il museo*, nella sua importante valenza di primaria fonte di informazione.

La varietà tipologica e cronologica degli oggetti (si va dai bronzetti figurati agli utensili da lavoro, dall'età preistorica a quella romana) porta ad esplorare realtà e situazioni differenti e viene sapientemente usata per offrire diversi spunti di ricerca , approfondimento e confronto, nell'intento di fornire un efficace strumento di lettura dei reperti presenti nella collezione archeologica patavina.

Gli oggetti esposti raccontano il motivo per cui sono stati realizzati, la tecnica di costruzione, le modalità d'uso, facendo comprendere anche al lettore più giovane come si deve "guardare" e "ascoltare" un reperto archeologico .

A differenza dei quaderni precedentemente editi, questo testo è stato realizzato per essere usato anche al di fuori dell'attività didattica del Museo, diventando utile strumento per il bambino o per il genitore che vuole documentarsi su questo affascinante tema anche da solo, al di fuori della scuola o di un'attività didattica strutturata.

Ci auguriamo che anche questo lavoro venga accolto con favore dall'utenza, che sempre più motivata e attenta segue i nostri percorsi educativi e che contribuisca a favorire l'avvicinamento del pubblico giovane al nostro patrimonio museale e, in particolare, a questo tipo di reperti, che, se non debitamente spiegati, rischiano di restare oggetti muti, incompresi e apparentemente privi di valore e significato.

Giuliano Pisani
Assessore alla Cultura

Giustina Mistrello Destro
Sindaco di Padova

SOMMARIO

✳ L'asterisco indica
le parole spiegate
nel glossario

Buongiorno bambini, il mio nome è Lucio Minucio e, come potete ben vedere, sono un fabbro romano.

Sono un liberto che, dopo aver ottenuto la libertà, ha voluto mettere in pratica le proprie conoscenze in materia di metalli. Con fatica e duro lavoro mi sono aperto una piccola bottega che mi regala molte soddisfazioni.

Sono stato scelto come vostra guida lungo questo affascinante viaggio alla scoperta del **bronzo** nell'antichità che, attraverso alcuni interessanti reperti del Museo Archeologico di Padova, vi permetterà di scoprire aspetti importantissimi della vita degli antichi.

Circa 3000 anni prima della nascita di Cristo, apparvero in Asia Minore (sapete dove si trova? Provate a cercarla sulla pianta) i primi oggetti realizzati in bronzo. Proprio dei mercanti orientali avrebbero introdotto in Europa la tecnica della lavorazione di questa **lega*** importantissima per la realizzazione di armi, utensili e ornamenti. Il bronzo è una lega perché nasce dall'unione di due metalli, **il rame e lo stagno.**

Guardate con me la pianta; osservate i luoghi dove si trovano rame e stagno. Provate ad immaginare quanta strada si doveva percorrere nei tempi antichi per recuperare queste preziose materie prime! E non c'erano treni, né automobili, né tantomeno aerei!!

I puntini segnalano i luoghi dove si trovano rame e stagno

Per individuare i luoghi che nascondono rame e stagno gli antichi hanno imparato ad osservare la **colorazione del terreno**, **il tipo di vegetazione** che vi cresce e **l'odore** che emanano le pietre con molto minerale all'interno.

Come facevano gli antichi a ricavare i metalli dalle rocce? I frammenti di roccia con i metalli venivano gettati in un forno in cui la temperatura era molto elevata. Con il calore il metallo fondeva e fuoriusciva dalla roccia. Una volta raffreddato era pronto per i più svariati usi.

Se poi rame o stagno stavano nel cuore di una montagna, venivano costruite delle **miniere** con gallerie e cunicoli. Spesso l'apertura dei cunicoli non superava i 60 centimetri di diametro come in alcuni ingressi di miniere etrusche.

Che lungo e complicato lavoro per ricavare un po' di rame o di stagno! E che fatica e che pericolo scendere al buio nella profondità della terra! Per fortuna noi romani abbiamo delle piccole **lucerne*** o delle torce che illuminano il percorso. Questi strumenti sono utili anche per capire se ci sono gas velenosi che talvolta si sprigionano sotto terra: infatti, si lascia scendere con una corda la lucerna e, solo se la fiamma non viene spenta dai gas, scendono anche i minatori.

Dopo aver raccolto rame e stagno (che, si badi bene, non si trovano mai nello stesso luogo) il passo successivo è quello di realizzare questa lega importantissima per la vita dell'uomo. Ricordate che, a seconda di quanto stagno è presente, il bronzo può essere di colore rosso, giallo oro o bianco. La quantità di stagno è importante anche ai fini della successiva lavorazione: se ce n'è poco il bronzo può essere lavorato a freddo, altrimenti va lavorato a temperature comprese tra i 590° e i 790° C.

LAMINATURA

La **laminatura*** è una delle tecniche più antiche; consiste nel martellare un **pane** di bronzo fino ad ottenere la lamina desiderata; unica accortezza è quella di alternare alla martellatura delle fasi di riscaldamento a fuoco vivo. Infatti il metallo battuto si indebolisce e quindi deve, tramite il calore, recuperare elasticità per evitare la rottura.
Con questa tecnica si ottengono recipienti, brocche e coperchi.

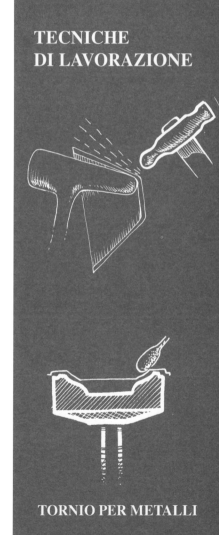

TECNICHE DI LAVORAZIONE

Le lamine si ottengono anche utilizzando il **tornio*.**
Intorno a 400 anni circa prima della nascita di Cristo, questo strumento viene usato anche per la lavorazione del metallo; sono sicuro che voi conoscete bene questo strumento molto importante per la lavorazione di un altro materiale, l'argilla. Il tornio per la lavorazione del metallo è leggermente diverso da quello usato per l'argilla.
La lamina viene fissata al tornio e, mentre questo gira, viene fatta aderire alla forma tramite degli utensili specifici; l'oggetto finito rivela questo tipo di lavorazione grazie ai segni circolari lasciati dallo strumento utilizzato.

TORNIO PER METALLI

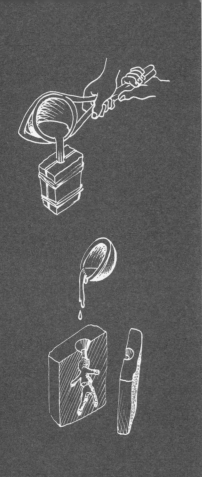

COLATA IN FORMA

Scommetto che avete già capito di che cosa si tratta; ma sì, certo, sto parlando di porre il metallo in un **crogiolo*** e poi, una volta reso liquido con il calore, di versarlo in una matrice ad una o a due valve che può essere in argilla, in pietra e lega di rame.

TECNICA DELLA CERA PERDUTA

Nella tecnica della cera perduta si parte da un modello in cera (**A**) che, ricoperto di argilla (**B**) e sottoposto a calore, si scioglie lasciando lo spazio al metallo fuso (**C**) il quale, solidificandosi, prenderà la forma del modello in cera (**D**)

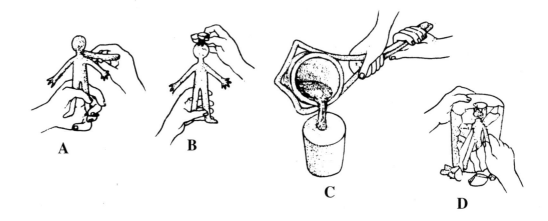

A   B   C   D

Per ottenere oggetti vuoti all'interno si può partire da un modello in argilla ricoperto da un sottile strato di cera, a sua volta ricoperto da un'altro strato di argilla.
Con il calore la cera fuoriesce, e, nello spazio rimasto tra il primo modello e il secondo rivestimento di argilla, si cola il bronzo

I LAVORATORI DEI METALLI

Dopo aver imparato con me cos'è il bronzo e quali sono le tecniche della sua lavorazione, non pensate sia bene imparare anche il nome di coloro che lo lavorano?
Ecco il **fabbro**

Ora sappiamo che ci voleva anche un modello per gli oggetti da realizzare e quindi serviva il **modellatore**

E colui che conosceva bene l'arte della fusione? Ecco il **fonditore**

Infine ci vogliono **il pulitore** e **colui che rifinisce i pezzi.**

Bada bene, però, che una stessa persona poteva essere fabbro, pulitore o cesellatore oltre che, naturalmente, modellatore.

OSIRIDE

Il bronzetto è di provenienza sconosciuta ed è stato datato alla XXVI dinastia. Oggi è di proprietà del Museo Civico Archeologico di Padova. I fedeli acquistavano queste piccole statue per lasciarle nei santuari come segno di devozione.

Sono sicuro che avete già riconosciuto la divinità rappresentata, vero?

Guardatene bene gli attributi e… bravi!! È proprio **Osiride**, figlio del Cielo (Nut) e della Terra (Geb) e primo sovrano dell'Egitto.

Viene rappresentato con il corpo coperto di bende come una mummia; sul capo porta la corona bianca con le due piume, simbolo dell'Alto Egitto. Ha la barba finta e nelle mani tiene il **flagello*** e il bastone pastorale, segno di potere.

Era il re di tutto il creato ma poi, ucciso e fatto a pezzi dal fratello e riportato in vita grazie all'amore di Iside, diviene il re dei morti. Rappresenta la certezza della rinascita alla vita eterna. Viene collegato al ciclo vitale della vegetazione

ISIDE

La provenienza di questo bronzetto è sconosciuta.
L'epoca di produzione è forse romana (ebbene sì, gli Egizi ebbero molti contatti con Greci e Romani).
Una curiosità è data dal piccolo perno sotto i piedi della dea che indica la presenza di una base dove era appoggiata la statuina.

Sono certo che anche di questa divinità saprete dirmi tutto o quasi: è **Iside**, la sposa e sorella (strani questi Egizi!) di Osiride. Rappresenta l'amore che vince definitivamente il male e la morte. È protettrice dei bambini e della maternità.

La dea, dopo che il malvagio Seth aveva ucciso Osiride e sparso le parti del suo corpo per tutto l'Egitto, guidata dall'amore riuscì a ricomporre lo sposo e a ridargli vita.
Da questo amore nacque **Horus** o, per dirla come i Greci, Arpocrate (dall'egiziano **her – pa – khered = Horus fanciullo**), spesso raffigurato come un bimbo pelato e con la lunga treccia (tipico dei bimbi egiziani) in braccio a Iside che lo allatta. Queste piccole statue erano considerate dei potenti amuleti per proteggere mamme e bambini.

Lo sapete perché Horus è rappresentato come falco? Perché è superiore a tutti gli uomini (e per questo ha anche la corona dell'Alto e Basso Egitto) e perché rappresenta il Sole (infatti il falco è l'uccello che vola più vicino a questa stella).

Il disco solare tra corna bovine é associato alla dea Giovenca Hathor che rappresenta la femminilità

KORE

Gli Etruschi erano famosi per la lavorazione del bronzo e molte tracce dell'estrazione di minerali sono ancora visibili nel territorio da loro abitato: per esempio sui monti di Campiglia Marittima dove, se vi capita di passare, potete ancora vedere gli ingressi delle loro miniere e, all'interno, le nicchie per appoggiare le lucerne.

Il bronzetto di fanciulla (in greco **Kore***) di cui non conosciamo l'esatta provenienza, potrebbe essere stato realizzato nei primi decenni del V secolo prima di Cristo (cioè circa 490 – 480 anni prima della nascita di Gesù Cristo) da artigiani etruschi.

Guardate bene, con la mano sinistra questa fanciulla solleva una parte della veste (il chitone) e l'altra (purtroppo la mano destra non c'è più) doveva probabilmente essere volta in avanti, in segno di offerta a qualche divinità.

ERCOLE IN ASSALTO

Il culto di Ercole si diffonde molto velocemente intorno al V secolo prima di Cristo (500 anni circa prima della nascita di Gesù Cristo) nelle zone dell'Italia Centrale. Il bronzetto che lo raffigura (e che potrebbe essere stato realizzato circa 300 - 200 anni prima della nascita di Gesù Cristo) appartiene alla serie di bronzetti offerti alla divinità nei santuari.

I santuari sono luoghi dove si andava a pregare, situati all'aperto vicino all'acqua di laghetti o fiumi. Qui venivano fatte offerte, per ringraziare o chiedere aiuto, detti **ex voto***.

Gli attributi per riconoscere Ercole sono di solito la pelle di leone, la clava e l'arco.
In un periodo successivo l'eroe è raffigurato nell'atto di bere, segno di maturità e riflessione (ai Romani come me piace molto questa rappresentazione)

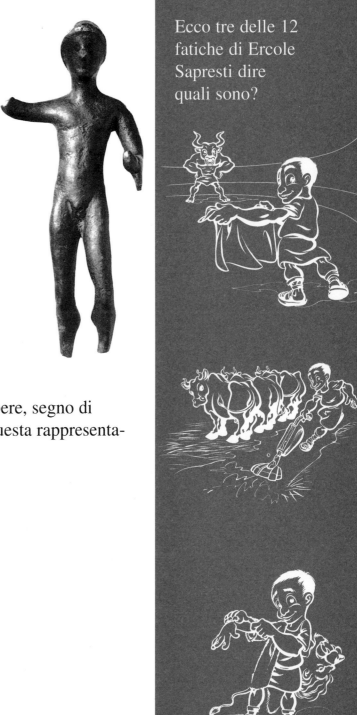

Ecco tre delle 12 fatiche di Ercole Sapresti dire quali sono?

GUERRIERO A CAVALLO

Devo confessarvi, bambini, che anche in età prero-
mana gli artigiani del bronzo non erano male:
prendete per esempio questo cavaliere realizzato da
un fabbro veneto vissuto tra i 500 e i 300 anni
prima della nascita di Gesù Cristo.

L'unica critica (da buon fabbro romano) potrebbe
essere fatta alle gambe troppo lunghe di questo guerriero a cavallo, ma questa caratteristica ci permette di sapere che bronzetti come questo sono tipicamente patavini (da **Patavium**, Padova per noi romani).
Se vi capitasse di visitare il Museo Nazionale di Este, vi accorgereste della
differenza tra queste statuine e quelle conservate lì.
Tutte, comunque, appartengono al gruppo delle offerte *ex voto* per chiedere
alla divinità aiuto in battaglia, o per ringraziarla di aver avuto salva la vita.

I cavalli erano molto importanti per i Veneti
tanto che, nel Circo romano, gareggiava anche la squadra veneta
con il colore AZZURRO (vi viene in mente qualche altra importante squadra con questo colore ai giorni nostri?). Pensate che anche Euripide, uno scrittore dell'antica Grecia, scrive: (Hipp.231) "Leonte di Sparta fu il primo ad ottenere una vittoria su **cavalli eneti** nella 85° Olimpiade" cioè 440 anni prima
della nascita di Gesù Cristo!!!
n.b. Avete capito cosa si indica con la parola Eneti*?

DATTI ALL'IPPICA !!!

VENERE

Questa piccola statua, proviene da Rottanova, una località vicino a Cavarzere (VE) e risale probabil- mente a 100 – 200 anni dopo la nascita di Gesù Cristo. Guardate bene la dea della bellezza (per i Greci Afrodite): sta per slacciarsi il sandalo prima del bagno o prima di lanciare la calzatura contro Eros (Amore, figlio di Giove e Venere). Mah!, spe- riamo sia vera la prima ipotesi; è comunque bellis- sima, soprattutto per quei suoi occhi in argento così luminosi.

Venere, la greca Afrodite, è la dea del- l'amore. Si conosce anche un culto a Venere Nuziale molto caro alle nostre donne: dopo aver sacrificato una capra bianca (le cosce della vittima erano bruciate sull'altare), fanciulle e spose si avvicinano per chiedere marito o figli e donano alla sacerdotessa di Venere i propri capelli, che vengono appesi sopra l'altare.

Anche questo bronzetto dovrebbe avere un significato votivo (dono per la divinità) sebbene alcuni pensino che, per le sue dimensioni, potrebbe essere stato un elemento decorativo di uno specchio o di qualche mobile.

MERCURIO

La statuina venne ritrovata ad Abano Terme nel 1939.

Noi sappiamo che il bronzetto raffigura il dio Mercurio. Come? direte voi! Ma dagli oggetti raffigurati che noi chiamiamo attributi, che dicorsi! Beh! Vediamo insieme questi attributi: per prima cosa il mantello avvolto attorno al braccio; si chiama **clamide*** ed è usato dai Greci per i lunghi viaggi, così come il largo cappello detto **petaso***. Poi la borsa che tiene in mano, il **marsupium*** di noi romani. Infine, anche se non c'è nella nostra statuetta, un altro attributo importante è il **cadùceo*** bastone alato con due serpenti attorcigliati che serviva per porre fine alle liti.

Mercurio, figlio di Giove e Maia, è il dio del commercio, della natura e dei rapporti tra le persone. Sull'Olimpo è anche il messaggero degli dei e, per finire, poiché ha le ali ai piedi è protettore delle gare di velocità.

GIOVE

Non si sa da dove provenga questo bronzetto, donato al Museo nel lontano 1887.

Quello che sappiamo è che vi è raffigurato Giove (Zeus per i Greci), il nostro dio supremo e onnipotente (scusate, mi sono lasciato prendere la mano!).

Lo so, lo so, adesso vi chiederete come facciamo ad esserne così sicuri; perché, oltre ad avere la testa incoronata di alloro, assomiglia sorprendentemente ad una statua di Zeus realizzata da un artista greco, Leochares, nel 400 circa prima della nascita di Gesù Cristo.

Altri attributi che Leochares aveva raffigurato erano lo **scettro** e la **folgore**, perché Zeus (Giove) è il dio del cielo, del fulmine e della luce.

La religione per il popolo romano è molto importante soprattutto per i riti che si compiono in comunità. Per essere **pius** cioè pio, devoto, basta seguire tutte le prescrizioni del culto; non è necessario avere molta fede. Per iniziare a fare qualsiasi cosa bisogna prima chiedere permesso agli dei.

Giove è anche chiamato Iuppiter (**Zeus Pater**). È sposo della dea Giunone, sua sorella e donna molto irascibile (quale donna non lo è? Ehm… scusate bambine!). Devo ammettere che talvolta ha ragione, perché Giove è proprio un rubacuori.

MINERVA

Non si sa bene da dove provenga questa piccola statua romana.

Si sa, invece, chi rappresenta: la dea Minerva, protettrice delle arti e dell'industria (ha inventato il tornio e la squadra).

Minerva (Atena per i greci) nasce dalla testa di Zeus (Giove), e rappresenta pertanto tutti gli aspetti del pensiero dell'uomo.

Qui è raffigurata con un pesante **peplo*** (tipico abito greco fissato sulle spalle) e con un elmo corinzio in testa (da Corinto, città della Grecia).

Nella mano destra la dea tiene una **patera*** (una coppa larga e poco profonda, spesso impiegata nei sacrifici)

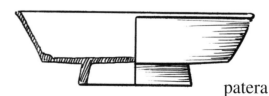

Lo sapevate che il più importante santuario veneto di Este, dedicato alla dea Reitia, venne trasformato in epoca romana in un santuario per la dea Minerva?
Forse ciò significa che queste due dee avevano delle caratteristiche comuni? Credo proprio di sì.

patera

ASCIA

Ascia in bronzo, ritrovata a Peraga di Vigonza, vicino a Padova, nel 1931 a 1 metro e mezzo di profondità.
Asce così, bambini miei, erano molto utilizzate dai nostri antenati sia in Europa che in Italia nel 1300 / 1200 prima della nascita di Gesù Cristo.

SPADA

Quest'arma terribile e bellissima nello stesso tempo è stata ritrovata a Voltabrusegana (PD) nel 1930 durante i lavori in un campo.
Pensate che è tutta in bronzo, realizzata con la tecnica della fusione dentro uno stampo a due valve e risale anche questa al 1300 - 1200 prima della nascita di Cristo.

Pensate che una spada simile è stata ritrovata in Egitto e un'altra a Ugarit, nell'odierna Siria. Proprio quella di Ugarit porta inciso il **cartiglio*** del faraone Merneptah, figlio di Ramesse II.

Lo sapete che in un periodo così lontano molti degli abitanti delle terre del nord e dell'ovest dell'Europa andarono, pagati, a combattere per i faraoni egiziani; incredibile, vero?
Ah, una domanda: sono bello vestito da gladiatore?

IMPUGNATURA DI COLTELLO

Mi sembra giusto, bambini, che vediate anche qualche arma appartenente ai Veneti antichi; ecco, a mio parere, l'impugnatura di un gran bel coltello.

Purtroppo la lama non c'è più e, a quanto pare, non era neanche in bronzo ma in ferro.

Osservate bene con me dove doveva essere inserita la lama; ora ditemi: vedete forse tracce di chiodi per fissarla?

No: e questo perché la lama doveva essere inserita e fissata con la fusione dei pezzi. Ingegnosi questi Veneti!

I Veneti non erano un popolo litigioso ma dovettero combattere in varie occasioni per difendere il proprio territorio o per dar prova di fedeltà alla ormai potente Roma.
I Veneti in armi vennero raccontati da alcuni storici antichi come Polibio, per esempio: "[I Celti...] tre giorni dopo il combattimento presero la stessa Roma, tranne il Campidoglio. Avvenuta però una diversione ed avendo i Veneti invaso il loro territorio, conclusero un trattato con i Romani, restituirono loro la città e ritornarono in patria ". (Polibio, II, 18, 2-3). Questo accadeva nell'anno 390 prima della nascita di Gesù

N.B. Anche i Veneti possedevano molte armi, ma nella collezione del Museo di Padova non ce ne sono.

GHIANDE MISSILI* E TESTA DI MAZZA

Potrebbero risalire a qualsiasi periodo dell'epoca romana perché armi di questo genere sono state utilizzate senza interruzioni durante tutta la storia di Roma.

Guardate un po' queste armi dei miei compatrioti: avete capito cosa sono?
Quelle a forma di ghiande sono in realtà dei potenti proiettili in piombo colato dentro delle piccole forme e, pensate, erano utilizzati dai soldati con le fionde (in latino *funditores**).

L'altro reperto qui a lato, è probabilmente il rinforzo di una mazza da combattimento.

SCRAMASAX

Mettono un po' di paura queste armi, vero? E pensare che i Longobardi sono rimasti in Italia per più di un secolo (100 anni), dalla
fine dell'anno 600 a tutto il 700 dopo la nascita di Gesù Cristo.
Quella che io, da buon romano, chiamerei semplicemente *gladius*,
in realtà si chiama **scramasax*** ed è l'arma dei guerrieri; veniva
usata sia nei combattimenti a cavallo che a terra; questa è in ferro,
rotta in punta e nel codolo (la parte che si inseriva nell'impugnatura). Venne trovata a Padova, vicino alla chiesa di S.Elena d'Este.

CINTURA

La cintura, importantissima per i guerrieri germanici (come i
Longobardi) perché proteggeva dal male, è di quelle dette "a 5
pezzi", formata da una fibbia e varie placche in bronzo. Per farvi un
esempio dell'importanza della cintura pensate al dio Thor, che,
indossandola, aumentava la propria forza.

GIOIELLI ROMANI

Lo so, lo so che le vostre mamme preferiscono i gioielli d'oro o d'argento: ma anche il bronzo può avere il suo fascino soprattutto se è rivestito con foglie di metalli preziosi.
In realtà anche le matrone romane preferivano gioielli più costosi e appariscenti.

Questi sono molto semplici, ma nello stesso tempo assai graziosi: l'orecchino, pensate, è stato ritrovato nel fiume Brenta e risale all'epoca romana imperiale. Il bracciale, della stessa epoca, proviene invece da via Ognissanti a Padova.

orecchino

bracciale

A proposito di orecchini Seneca, un saggio scrittore romano dice: "Le signore romane portavano addosso dei patrimoni soprattutto agli orecchi" (Seneca, De Benef., VII, 9, 4).

L'unico ornamento di noi uomini (non per tutti, perché ci sono anche uomini romani che si ingioiellano più delle signore) è quasi sempre l'anello con sigillo per dare validità ai documenti ma anche per abbellirci le mani. Io, che sono un liberto, lo porto d'argento, ma conosco liberti con moltissimi anelli d'oro.

LA BULLA

Vi state forse chiedendo cosa fanno i nostri bambini con questa specie di conchiglia al collo?
Beh! Non è una conchiglia ma una **bulla*** (in latino bulla vuol dire bolla d'acqua) purtroppo di provenienza sconosciuta.

Per noi romani sono dei porta-amuleti contro le forze del male che, all'interno, contengono spesso delle essenze profumate.
Ogni bambino (libero s'intende) ne tiene una al collo fino al 15° anno di età; diventato adulto la offre ad una divinità.
È in quest'occasione che il bambino smette la *toga praetexta* (come quella dei magistrati e dei sacerdoti) per indossare la toga virile (da uomo).

Leggiamo cosa ci racconta a riguardo il famoso Plinio il Vecchio (*Naturalis Historia*, XXXIII, 4, 10), lo "scienziato" morto a Pompei, dove si era recato per studiare il fenomeno dell'eruzione vulcanica: "Tarquinio Prisco fu il primo fra tutti a far dono a suo figlio, che aveva ucciso un nemico nell'età in cui portava ancora la toga pretesta, di una bulla aurea (d'oro); da allora si è conservato il costume della bulla portata come distintivo dai figli di coloro che avevano servito nella cavalleria, mentre gli altri portavano una striscia di cuoio".

FIBULE E SPILLONI

Che vita, senza le cerniere e i bottoni automatici! Altro che infilarsi i jeans e alzare la lampo: gli uomini dell'età del bronzo, come quelli veneti e romani, dovevano fissare i vestiti con questi spilloni (tipicamente maschili) o con queste fibule.

Entrambi questi oggetti d'abbigliamento provengono da Via Goito a Padova e sono stati trovati a 1,80 m. sotto il piano della strada.

Guardate come sono belli! **Lo spillone** è addirittura decorato con incisioni orizzontali e a spina di pesce, mentre la **fibula***, con un ornamento fatto da linee oblique. Pensate, potrebbero risalire a 1200 anni prima della nascita di Gesù Cristo.

La fibula, come potete vedere, è una spilla che assomiglia alla nostra "spilla da balia"

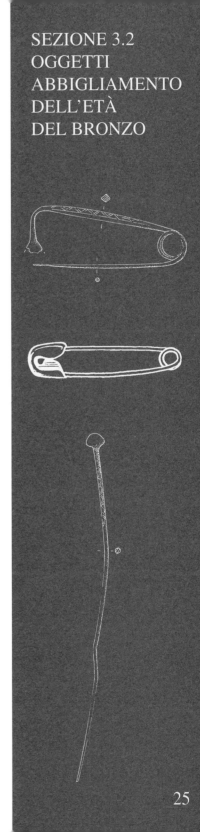

25

(INSTRUMENTUM DOMESTICUM)

Con *instrumentum* intendiamo tutti i reperti di uso domestico

PALETTA

Questa paletta, proveniente da Padova e precisamente dal Convento del Santo, potrebbe risalire a 600 – 500 anni prima della nascita di Gesù Cristo. Osservatela bene: vedrete un cavallino inciso, ma anche un'iscrizione in una scrittura che non conosciamo. Non è venetica ma retica, e probabilmente ricorda ETSUA che offre la paletta come offerta di NAKITARI (voi ci capite qualcosa?) ad una qualche divinità a noi sconosciuta.
Ma perché proprio una paletta?
Gli archeologi se lo stanno ancora chiedendo, ma hanno anche formulato delle ipotesi: forse servivano per tagliare focacce da donare

agli dei (vi è anche un lato tagliente) o forse per cuocere cibi sacri, o ancora per servire delle focacce che poi gli sposi, durante il matrimonio, dovevano mangiare assieme.

BROCCA, MORTAIO, *SIMPULUM*, COLINO, POSATE, GRAFFIONE

Qui diamo solo una parziale descrizione degli oggetti utili in una cucina romana: pensate che per una cena importante si possono utilizzare anche cento recipienti! Naturalmente non stanno tutti in un'unica stanza e pertanto sono depositati in cantina o vengono noleggiati al bisogno.
Proviamo a capire il loro uso e la loro storia.

La brocca in miniatura proviene da Vigodarzere (PD), e fu donata al Museo nel 1860. È in bronzo e l'ansa (manico) che si vede serve per appenderla. Nella mensa romana le brocche sono utilizzate per mescere il vino, che i miei concittadini non bevono mai puro ma sempre mescolato con acqua.

Noi romani conosciamo il vino rosso che chiamiamo *vinum atrum* (vino nero) e il vino bianco (*candidum*). Sappiamo anche cambiare il vino rosso in bianco mettendovi farina di fave o tre bianchi d'uovo.
Anche il mortaio è molto importante in cucina, perché utile per sminuzzare (con l'aiuto di un pestello) aromi, spezie o erbe.

Il mortaio nel riquadro proviene dal quartiere S.Lucia di Padova, ed è in bronzo fuso.

Il *simpulum** qui raffigurato è in ferro e non in bronzo, e non ne conosciamo la provenienza. Da noi è utilizzato per prendere il vino dai grandi recipienti (detti crateri) o per offrirlo, durante le cerimonie, alle divinità (le cosiddette libagioni). Molti *simpula* (è il plurale in latino) si trovano anche in periodo veneto, soprattutto in alcuni santuari (vedi quello di Lagole di Calalzo, vicino a Belluno).

E sempre per il vino (ma anche per altri liquidi) viene usato questo colino (manca il manico) ritrovato a Padova, vicino a Piazza Insurrezione, nel 1934.

Adesso mi chiederete: ma perché colare il vino? Perché il vino romano è molto denso a causa dei rimasugli del mosto. Gli ultimi oggetti presentati sono le posate cioè cucchiai e forchette.

Ricordatevi sempre come mangiamo noi romani: triclinio è il letto da tavola a tre posti, (il nome è di origine greca), ma, anche l'intera sala da pranzo. La consuetudine di mangiare distesi si diffuse a Roma sotto l'influenza della Grecia ma il letto da pranzo non è una novità: era già conosciuto, dagli Etruschi.

Distesi sul triclinio di sicuro non possiamo utilizzare forchette e coltelli; infatti sono gli schiavi ad usarli per tagliuzzare il cibo prima di portarlo in tavola. La forchetta che vedete, ritrovata vicino all'Arena di Padova, è usata solo in cucina come tutte le sue compagne. La particolarità di questa posata sta comunque nel manico che termina con una specie di zoccolo di cervo e che ricorda il cucchiaio che segue: la *ligula**, (cioè quel cucchiaio che ricorda maggiormente i vostri) di cui si capisce subito il tipo di utilizzo. Quello che chiamiamo *cochlear** (ritrovato a Padova vicino alla Stazione Ferroviaria nel tra il 1877 e il 1878), invece, sapreste dirmi per quali pietanze è più adatto?

Beh! Ve lo dirò io: soprattutto per molluschi (sapete cosa sono, vero?) o uova.....che buongustai! Altro che hamburger e patatine!

GRAFFIONE

Sembra un piccolo rastrello, vero? Ma è un graffione; cosa?, direte voi. Provate ad indovinarne l'uso in cucina.

Noi amiamo molto la carne alla griglia….Vi sono di aiuto? Credo di sì. È proprio un forchettone per infilzare la carne e metterla ad arrostire.

E, per finire, laviamoci le mani!

Questo è un **bacile*** e viene usato per lavarsi le mani (*malluvium*) E' molto utile soprattutto se pensate che noi mangiamo senza posate.

ANSE, APPLIQUES E PIEDI DI MOBILI

Eubileo

I nostri mobili sono ben rifiniti, non trovate? In genere tavoli, sedie, letti e altri elementi d'arredamento sono in legno con delle applicazioni in metallo. Naturalmente è molto difficile ritrovare oggetti in legno (che è un materiale deperibile) dopo tanti anni, quindi vi dovete accontentare degli ornamenti dei mobili.

I due bronzetti, uno raffigurante un'aquila (simbolo anche militare perché quest'animale è molto venerato) e l'altro un cane (come animale da guardia) possono essere utilizzati o come anse per vasi o come ornamenti di coperchi.

Aquila

Per i mobili, poi, parliamo di appliques, cioè piccoli bronzi figurati che vanno fissati su elementi di arredamento di solito in legno: la prima applique a forma di busto maschile, ritrovata alla Mandria (PD) ricorda un ritratto di Eubileo (mitico personaggio greco; l'altra, raffigurante Attis (il pastore in coppia con la dea Cibele) può essere applicata anche a cofanetti per il trucco.

Date poi un occhio alla cerniera per mobili ritrovata a Padova sotto la moderna stazione ferroviaria tra il 1877 e il 1878: sembra una delle vostre (andate a controllare i vostri armadi a casa).

Cane

Infine eccovi il piede in bronzo trovato a Padova vicino a Porta S. Giovanni; ha la forma di un felino (sapete chi sono i felini?) alato, raffigurazione nata in Oriente e in Egitto e poi diffusa con successo a Roma e in tutto l'impero. Molti mobili moderni, comunque, hanno i piedi fatti a zampe di animali o in altre forme particolari: tutto si ripete, soprattutto la moda!

cerniera
per mobili

piede
felino

Lectus in latino è solo il letto tricliniare, mentre il torus è il letto per dormire. In genere la struttura era in legno e i rivestimenti in bronzo

SERRATURE, CHIAVI E BORCHIA PER PORTE

La chiave a testa di leone è stata ritrovata a Padova sotto la stazione ferroviaria nel 1877 e, guardate bene, le fauci del leone sono aperte per far passare una catena così da appendere la chiave.

chiave a testa di leone

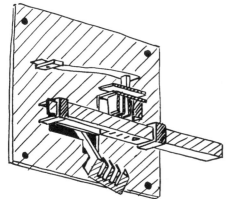

Ora guardiamo insieme come funziona una serratura romana:

resti di serratura

37

BILANCIA E PESI PER STADERE*

La piccola bilancia proviene da
Montegrotto Terme dove è stata ritrovata
nel 1882; serve per pesare monete o metalli
preziosi.
Sono sicuro che di simili ne vedrete ancora
da alcuni gioiellieri. Pensate che di questo
strumento sappiamo anche la data precisa:
infatti la moneta usata come presa della
bilancia è di Druso, nipote dell'imperatore
Augusto, e riporta un'iscrizione che ricorda
una carica importante che Druso ebbe
nell'anno 23 dopo la nascita di Gesù Cristo.

Il peso, invece, raffigura un busto maschile
con in testa una corona di alloro. L'anello
sulla testa serve per appenderlo ad una **stadera***, la
bilancia più usata da noi romani. Questo reperto in
bronzo proviene da Campagna Lupia (VE) ed è giunto
al Museo nel 1877.

peso

I CAMPANELLI

Il campanello o meglio *tintinnabulum** è molto
famoso nel mondo romano per due funzioni particolari:

- Avvisare o chiamare qualcuno (ad esempio avvisare della chiusura o dell'apertura degli edifici pubblici)
- Proteggere dal male (spesso lo si ritrova nelle tombe di bambini)

Il campanello che vedete proviene dalla zona dell'Arena di Padova, pensate quello che penso io? Ma certo, potrebbe essere stato utile per richiamare all'ordine il pubblico dei giochi gladiatori o delle cacce agli animali feroci.

I gladiatori sono schiavi o prigionieri di guerra ma anche disperati. Appartengono a delle palestre con a capo un impresario (*lanista*). Ecco i vari tipi di combattenti:
- *Oplomaco* con l'armatura pesante
- *Reziario* con il tridente e corta tunica
- *Mirmillone* con la spada corta
- *Essedario* che combatte sul carro

STILI E TAVOLETTE

Uno di questi **stili*** è stato ritrovato nei pressi dell'Arena di Padova e un altro a Mandriola, vicino alla città.
Se vi state chiedendo a cosa servono guardate qui sotto:

Avete capito adesso? Sono le penne dei nostri bambini: con il lato a punta incidono la cera e con il lato a spatola la raschiano per cancellare gli errori o per riutilizzare la tavoletta.
Talvolta, per dei documenti importanti, vengono usate tavolette di bronzo.

La laminetta, ritrovata a Padova in Piazza Cavour nel 1926, riporta anche una frase di augurio, forse riguardante una preghiera o un documento religioso.

La scuola a Roma: la scuola "elementare" inizia a 7 anni, il maestro si chiama *ludi magister* e insegna a scrivere e a contare; le lezioni cominciano (sentite bene) all'alba e proseguono fino all'ora di pranzo. Inoltre il maestro spesso punisce gli scolari con castighi e frustate! (lamentatevi dei vostri insegnanti, poi!)

L'iscrizione dice: [---]DE QUO PROPE C[---/---]RES BENE PROCEDANT /[---] ATQUE LARES / [---] LARIBUS P(osuit)

Il termine *Lares* vi ricorda qualcosa? Guardate qui: quest'angolo, nell'*atrium* di ogni *domus* che si rispetti conserva le raffigurazioni dei **Lares*** (lari) ossia i protettori della casa.

Larario

LE LUCERNE

Questa **lucerna*** è stata trovata sotto la
stazione ferroviaria di Padova tra il 1877 e
il 1878.
Guardate un po' quest'oggetto, cosa vi
sembra? Certo, è proprio una lampada!
Ma sapete come si usa? Nel foro centrale
s'inserisce il "combustibile", di solito olio
d'oliva che però è molto costoso. Pensate
che un cucchiaino d'olio basta per sole
due ore di luce, e che debole luce!

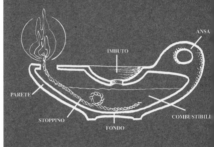

La vita di un romano dipende dunque dalla luce solare: con il buio cessano
infatti le attività e la luce di torce, lucerne o candelabri non può certo basta-
re.

F.FROSI 2000

Ogni capodanno i
romani si
scambiano doni
augurali tra i quali
anche lucerne

AGHI, DITALI, FORBICI, CHIODI E AMI

Adesso, bambini, mi dovete dire quali sono le differenze tra noi romani e voi moderni…. Va beh! Lo so che voi avete la plastica, i motori, internet, etc. etc., ma nelle piccole azioni della vita quotidiana e soprattutto nel pensiero mi sembra non ci siano così tante differenze: pensate alle vostre mamme che vi rammendano i pantaloni o i calzini e alle nostre che ci sistemano la tunica o la toga!

Gli aghi che vedete (uno è stato ritrovato in Piazza Cavour a Padova e due sotto la stazione ferroviaria) sono proprio quelli delle nostre massaie e così i ditali (uno di questi trovato sotto l'attuale Municipio) utilissimi alle sarte per cucire, vero?

Se poi si devono tagliare dei fili è meglio avere una bella forbice, magari in ferro, come questa ritrovata vicino al bastione di San Giovanni.

ditali

forbice

Tessere e cucire sono l'attività principale di una matrona romana

Anche i chiodi (ritrovati sia sotto la stazione ferroviaria di Padova sia sotto l'attuale Municipio) sono simili a quelli che uso io nella bottega. Vi rendete conto di quanto siano importanti nella vita di tutti i giorni? Provate a controllare a casa quanti chiodi sono necessari per fissare le cose.

Anche per noi sono indispensabili e ne facciamo un grande uso.

Ci piacciono così tanto che quelli più particolari li utilizziamo come elemento decorativo.

E questi ami cosa ci fanno a Padova? Pensate, sono stati trovati sotto la stazione ferroviaria, sono in bronzo e lavorati con la tecnica della fusione piena.

Noterete subito che uno ha l'occhiello per far passare il filo, mentre l'altro si inseriva direttamente nella canna con la parte finale "a paletta". Chissà che buon pesce di fiume gli antichi abitanti di *Patavium* avranno pescato!

Patavium era bagnata da un grande fiume che si chiamava *Meduacus* (l'attuale Brenta), attorno al quale era sorto il precedente centro paleoveneto

ETA' ROMANA: SCALPELLO, ASCIA, RONCOLA, VOMERE PER ARATRO E ZAPPA

Questo scalpello, trovato a Mandriola, vicino a Padova, è in ferro e serve per la lavorazione del legno.

Naturalmente la sua testa (anche gli scalpelli ne hanno una) è piatta per essere colpita da un altro utensile. Devo dire che anche le associazioni di falegnami sono in gamba, certo non come quelle dei fabbri.

scalpello

Anche l'ascia è stata ritrovata a Mandriola; è in ferro e serve per levigare il legno o per rifinire le tavole; la parte a martello, poi, può servire per smuovere il terreno da coltivare.

Anche le tre roncole (in latino le chiamiamo *falces*) in ferro sono state ritrovate a Mandriola, servono per tagliare le piccole piante o potare gli alberi.

Scommetto che, se andate in campagna, ne potete vedere di uguali a casa di qualche contadino.

ascia

roncole

Voi bambini moderni, sapete a cosa serve un aratro? Spero proprio di sì…Comunque, per sicurezza ve lo spiego: questo strumento importantissimo (Romolo e Remo vi ricordano qualcosa?) serve per l'aratura, cioè per rompere e frammentare il terreno in modo che sia pronto per la semina.

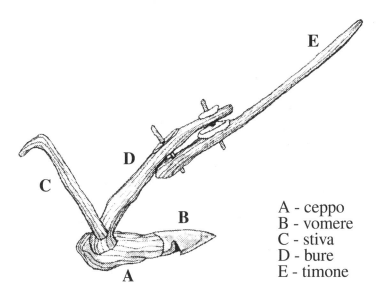

A - ceppo
B - vomere
C - stiva
D - bure
E - timone

Strano, ma anche questo reperto proviene da Mandriola come tutti gli altri: non è proprio l'aratro ma la sua parte più importante perché è il **vomere** a rompere il terreno.

Per il piccolo orticello vanno bene anche queste due zappe in ferro trovate a Vigonovo (VE) nel 1896. Forse possono essere usate anche per spianare il terreno.

Riflettete un attimo su quanto avete appreso finora. - Assieme a me, avete conosciuto tanti oggetti di bronzo di diverse epoche e con diverse funzioni.

Tutti questi oggetti ci danno importanti informazioni sulla vita, sulle abitudini, sulla capacità tecnica dei nostri progenitori. Ogni oggetto quindi è un importante **fonte di informazione.**

Tutti gli oggetti conservati nei musei lo sono.

1

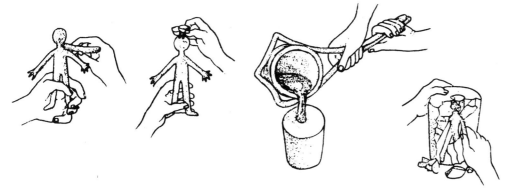

Quale tecnica è stata descritta qui sopra?

☐ Tecnica a stampo

☐ Tecnica della laminatura

☐ Tecnica fusione a cera persa piena

2

Perché, secondo te, i bronzetti e gli oggetti piccoli erano realizzati con la tecnica della fusione piena, mentre le grandi statue con la fusione cava?

_____

_____

_____

_____

_____

3

Perché gli archeologi devono scavare per ritrovare i reperti antichi?

_____

_____

_____

_____

_____

_____

4

Quale divinità egizia è rappresentata in questo disegno?

☐ Iside

☐ Anubi

☐ Osiride

5

Quale animale era importantissimo per i Veneti antichi?

☐ Anatra

☐ Gatto

☐ Cavallo

6

Indica sulla foto gli attributi principali di Mercurio:

1. Clamide di rosso
2. Petaso di azzurro
3. Marsupio di giallo

7

Quale di queste armi è tipica del popolo longobardo?

☐ Ghiande missili
☐ Spada preistorica
☐ Scramasax

8

La bulla romana era indossata da:

☐ Uomini
☐ Donne
☐ Bambini fino ai 15 anni

9

Disegna l'oggetto che fermava le vesti agli uomini del popolo veneto prima dell'uso della fibula.

10

Quale di queste vesti romane non appartiene all'abbigliamento femminile?

☐ Stola
☐ Tunica
☐ Toga

11

La mensa romana.

Disegna un cucchiaio chiamato *ligula* e uno detto *cochlear*; dopo aver fatto questo spiega le differenze d'uso tra i due.

☐ Ligula   ☐ Cochlear

_____

_____

_____

12

Disegna uno strigile e spiega a cosa serviva:

_____

_____

_____

13

VERO O FALSO (segna la sigla che ti sembra esatta)

1. Il bronzo è una lega di rame e piombo ☐ V ☐ F

2. Osiride è il figlio di Iside e Horus ☐ V ☐ F

3. La dea Reitia è una divinità venerata dai Veneti antichi ☐ V ☐ F

4. La spada è un'arma tipicamente longobarda ☐ V ☐ F

5. Lo strigile era usato solo dagli uomini romani ☐ V ☐ F

6. Forchetta e coltello erano indispensabili sulla tavola dei Romani
☐ V ☐ F

7. I *tintinnabula* sono dei campanelli molto comuni nel mondo romano
☐ V ☐ F

8. La lucerna è una piccola bilancia. ☐ V ☐ F
9. Tutti gli oggetti in bronzo non valevano molto perché era molto
facile procurarsi rame e stagno. ☐ V ☐ F

1) Hai conosciuto molti bronzetti figurati appartenenti a civiltà diverse e di diverso tipo. Che cosa hanno in comune?

☐ Sono tutti soprammobili

☐ Sono tutti oggetti votivi (collegati al culto religioso)

☐ Rappresentano tutti divinità

Quindi sia gli Etruschi che i Veneti e i Romani _____

_____

_____

_____

2) Hai analizzato armi dall'età preistorica a quella romana. Il fatto che non siano state presentate molte armi venete o romane cosa sta a significare?

☐ Che i Veneti e i Romani non avevano molte armi

☐ Che al Museo di Padova non ce ne sono

3) Molti oggetti di ornamento, o utilizzati in casa o da lavoro sono assai simili a quelli usati oggi.
   Questo cosa ti fa pensare?

_____

_____

_____

_____

_____

_____

4) Altri oggetti invece ci fanno capire che vi è stato un progresso notevole dall'antichità a oggi. Elencali e illustra il motivo della tua scelta:

_____

_____

_____

_____

_____

_____

5) Scrivi una breve frase su una superfice di cera aiutandoti con uno strumento adatto all'incisione; scrivila poi con una penna d'oca intinta d'inchiostro, quindi con canotto e pennino, con una penna stilografica e biro. Scrivila anche con una vecchia macchina da scrivere e con il computer. Esprimi le tue impressioni a riguardo.

6) Inventati una storia dove sia presente almeno un bronzo per sezione tra quelli illustrati da Lucio Minucio.

GLOSSARIO

Applique - piccole raffigurazioni (in questo caso bronzee) da applicare su elementi di arredamento

Aucissa - tipo di fibula che prende il nome dal fabbro celtico che la ideò

Bacile - recipiente romano utilizzato per lavarsi le mani

Bulla - porta amuleti in bronzo che i bambini romani indossavano fino al 15° anno di età (in latino significa "bolla d'acqua" con riferimento alla forma)

Caduceo - bastone alato con due serpenti attorcigliati, attributo di Mercurio

Cartiglio - nome dato all'ovale entro il quale era inciso il nome del Faraone. Rappresentava anche il perimetro del mondo su cui il sovrano aveva potere

Cera perduta - tecnica per realizzare oggetti in bronzo pieni o cavi tramite la produzione di un modello in cera

Clamide - mantello greco, tipico attributo di Mercurio

Cochlear - tipico cucchiaio rotondo con manico appuntito utilizzato per i molluschi e le uova

Colata in forma - tecnica che consiste nel fondere il metallo e colarlo in una matrice.

Crogiolo - piccolo recipiente usato per fondere i metalli e altre sostanze

Eneti - con questo termine viene indicato il popolo che abitava la PAFLA-GONIA (regione settentrionale della Turchia) e che, secondo molti autori antichi, è da identificarsi con i Veneti

Ex voto - doni offerti alle divinità per chiedere una grazia o ringraziare di averla ricevuta

Flagello - attributo di Osiride e simbolo di potere

Fibula - specie di spilla per fermare le vesti utilizzata dall'età del bronzo al Medioevo

Funditores - soldati romani che utilizzavano le fionde armate di ghiande missili

Ghiande missili - proiettili romani di piombo con inciso il nome della città che le utilizzava in guerra

Laminatura - tecnica di lavorazione del bronzo che prevede la martellatura di un blocco fino ad ottenere la lamina desiderata.

Lares - piccolo altare domestico posto nell'atrio delle case romane con statuine raffiguranti le varie divinità, i Lari

Lega - unione di due o più metalli (per il bronzo si parla di lega binaria cioè composta di due elementi)

Ligula - cucchiaio romano simile ai nostri

Lucerna - lampada romana in argilla che utilizzava l'olio come combustibile

Kore - dal greco "fanciulla" e di conseguenza nome dato alle prime statue femminili greche

Marsupium - borsa di cuoio o stoffa che conteneva denaro

Patera - coppa larga e poco profonda spesso impiegata nei sacrifici

Petaso - largo cappello usato dai mercanti greci e attributo di Mercurio

Peplo - tipico abito greco fissato sulle spalle

Scramasax - grande spada longobarda utilizzata per combattimenti a terra o a cavallo

Simpulum - mestolo usato per il vino

Stadera - bilancia romana simile a quella usata dai fruttivendoli dei giorni nostri, prima dell'uso della bilancia automatica.

Stilo - la penna degli antichi con un lato a punta per scrivere e un lato a spatola per raschiare la cera

Strigile - raschiatoio romano usato per detergere il corpo dopo l'uso di balsami e oli profumati

Tornio - ruota del vasaio e del fabbro per realizzare vasi in argilla o lamine di bronzo

Tintinnabula - campanelli romani dai vari utilizzi

Volsellae - pinzette da toilette romane simili a quelle usate oggi per togliere le sopracciglia

Finito di stampare in Roma nel mese di giugno 2001 per conto de
«L'ERMA» di BRETSCHNEIDER
dalla Tipograf S.r.l.
via Costantino Morin, 26/A